INVENTAIRE
V 38035
AF454912

EXÉCUTION

DES

PIÈCES DE SIÉGE,

DE

PLACE ET DE CÔTE.

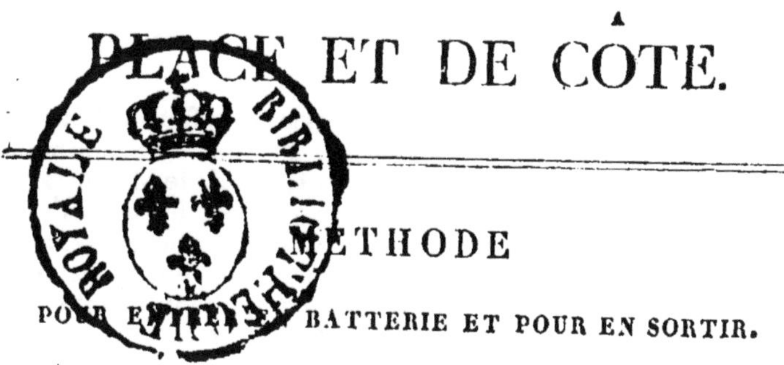

MÉTHODE

POUR ENTRER EN BATTERIE ET POUR EN SORTIR.

Pour toutes les pièces de position indistinctement, on disposera les hommes de la même manière que pour les pièces de campagne, c'est-à-dire qu'on les placera en bataille sur deux rangs, les servans de gauche au premier rang, ceux de droite au second rang; les premiers servans à la droite, les deuxièmes à leur gauche, les troisièmes à la gauche de ceux-ci, et le pointeur ou bombardier dans chaque pièce au deuxième rang à la gauche du dernier servant de droite : les chefs de pièce à la droite du premier rang de leur pièce, celui de la deuxième pièce servant de chef de file au pointeur ou bombardier de la première, et ainsi de suite pour toutes les pièces de la gauche : à la dernière pièce, le pointeur ou bombardier passera au premier rang; les pointeurs ou bombardiers des autres pièces passent aussi au premier rang dans la marche, soit de flanc, soit en colonne.

Les pièces ainsi formées, on se rendra aux batteries

d'après la méthode indiquée pour les pièces de campagne. Arrivés au polygone, les chefs de chaque batterie mettront leurs hommes en bataille, en arrière et face à leur batterie. Ils feront ensuite reposer sur les armes et former les faisceaux; ces derniers formés, les hommes se porteront à deux pas en avant, et l'instructeur fera entrer en batterie par les commandemens suivans :

1° *Pour entrer en batterie, canonniers par le flanc droit,* 2° *à droite,* 3° *marche.*

Au deuxième commandement, tous les servans font à droite, et le chef de pièce fait déboîter à gauche; au troisième commandement les premiers servans se dirigent, celui de droite à la droite de sa pièce, celui de gauche à sa gauche; les autres servans viennent tourner à la même place que les premiers servans de leur pièce, se dirigent en file derrière eux à un pas de distance l'un de l'autre, et s'arrêtent sans commandement lorsque les premiers servans sont arrivés à un pas du heurtoir.

Pour faire sortir de batterie, l'instructeur fera les commandemens suivans :

1° *Pour sortir de batterie, canonniers par le flanc gauche et le flanc droit,*
2° *A gauche à droite,* 3° *Marche,* 4° *à vos faisceaux, par pièce par file à droite,*
5° *Marche,* 6° *front,* 7° *Rompez vos faisceaux.*

Au deuxième commandement (*à gauche à droite*), tous les servans font à gauche et à droite, les chefs de pièce font face en arrière.

Au troisième (*marche*), les deux files de chaque pièce se réunissent en avançant, le chef de pièce marchant à la droite du pointeur ou bombardier.

Au quatrième (*à vos faisceaux, par pièce par file à droite*) les deux files se dirigent un peu à gauche vers la droite de la ligne de leurs faisceaux.

Au cinquième (*marche*) les deux files conversent à droite, laissent leurs faisceaux entre elles, et s'arrêtent sans commandement; les chefs de pièce s'arrêtent vis-à-vis le milieu de leurs faisceaux.

Au sixième (*front*), les deux rangs font face à l'épaulement, les chefs de pièce rétablissent promptement les hommes dans l'ordre où ils étaient en formant les faisceaux si cet ordre a été dérangé.

Le septième commandement (*rompez vos faisceaux*) s'exécute comme à l'ordinaire.

SERVICE D'UN CANON DE SIÉGE.

Sept hommes, un pointeur et six servans, suffisent au service d'un canon monté sur affût de siége.

Les armemens nécessaires sont les suivans :

Six leviers, { Trois de chaque côté de l'affût, appuyés sur l'essieu et contre le flasque, la pince sur la plate-forme ;

Un écouvillon et un refouloir, { sur deux chevalets à droite de la pièce, l'écouvillon en-dessus ; la brosse de l'un et la tête de l'autre du côté opposé à l'épaulement ;

Deux coins de mire, sous la culasse, à défaut de vis de pointage ;

Un gargoussier, { debout contre l'épaulement, en dehors des boulets ;

Un dégorgeoir,
Un sac à étoupilles,
Un doigtier,
Une hausse dans son étui, } suspendus au bouton de culasse ;

Un boute-feu, fiché dans le sabot derrière le second servant de droite.

Outre les armemens, la batterie devra être approvisionnée :

De boulets et de bouchons, { Les boulets placés en pile, à gauche de la pièce, contre l'épaulement et immédiatement à côté de la plate-forme ; les bouchons entre l'épaulement et la pile de boulets ;

De deux masses, { à droite et à gauche, contre l'épaulement, à un pas en dehors de l'alignement des roues ;

D'un chapiteau couvrant la lumière ;

Et d'un balai placé à gauche entre la masse et les boulets.

1. Les canonniers étant à leurs postes, l'instructeur donnera les explications suivantes :

L'*épaulement* est le massif qui sert à mettre les canonniers à l'abri du feu de l'ennemi, les terres dont il est formé sont soutenues à l'intérieur par des fascinages ou des gazons dont l'ensemble s'appelle le *revêtement de la batterie ;*

L'*embrasure* est l'ouverture pratiquée dans l'épaulement pour donner passage à la volée de la pièce;

La *plate-forme* est le plancher en madriers sur lequel la pièce est établie ;

Le *heurtoir* est la pièce de bois contre laquelle appuient les roues, quand la pièce est en batterie ;

Les *leviers* diffèrent de ceux de campagne en ce qu'ils ne portent aucune ferrure ; le gros bout est équarri et s'appelle pince ;

La *brosse de l'écouvillon* et *la tête du refouloir* sont montées chacune sur une hampe séparée ; l'écouvillon et le refouloir sont placés sur deux chevalets, celui voisin de l'épaulement se nomme *chevalet intérieur* et l'autre *chevalet extérieur ;*

Les *masses* servent à caler les roues pour empêcher la pièce de revenir vers l'épaulement lorsqu'elle est hors de batterie;

Le *gargoussier* est une boîte avec un couvert, il sert à porter la poudre à la pièce ;

Le *dégorgeoir* diffère de celui de campagne en ce qu'il n'est pas emmanché, et que son extrémité supérieure se termine en anneau ;

La *hausse* sert à mesurer l'inclinaison qu'on doit donner à la pièce en la pointant ;

Le *chapiteau* sert à empêcher l'eau de s'introduire dans l'âme de la pièce par la lumière.

NOMENCLATURE.

Canon.

Ses parties.	Moulures principales.
Bourlet en tulipe, guidon.	Astragale.
Collet.	Plate-bande du deuxième renfort.
Volée.	Plate-bande du premier renfort.
Second renfort.	Plate-bande de culasse, cran de mire.
Premier renfort.	
Culasse.	
Cul de lampe.	
Bouton de culasse.	
Tourillons.	
Embases des tourillons.	
Anses.	
Lumière et grain de lumière.	
Bouche.	
Ame.	

Affût.

Parties en bois.

- 2 *Flasques.*
  - Tête du flasque (*tête de l'affût quand on considère les deux flasques en même temps*).
  - Encastremens des tourillons.
  - Cintre de mire.
  - Cintre de crosse.
  - Talus des flasques.
  - Crosses.
- 4 *Entretoises.*
  - de volée.
  - de couche.
  - de mire.
  - de lunette.
- 1 *Semelle* fixe.
- 2 *Roues.*
  - moyeu
    - gros bout.
    - petit bout.
  - rais.
  - jantes.
- 1 *Essieu.*
  - corps.
  - fusées.

Ferrures principales.

- 2 Sous-bandes.
- 2 Sus-bandes, 2 clavettes, 4 chaînettes.
- 2 Chevilles à tête plate.
- 2 Chevilles à mentonnet.
- 6 Chevilles à tête ronde.
- 2 Crochets de retraite.
- 5 Boulons d'assemblage.
- 2 Liens du cintre de mire.
- 2 Liens du cintre de crosse.
- 1 Rosette à boucle et à anneau pour l'enrayure.
- 2 Étriers d'essieu.
- 1 Anneau d'embrelage.
- 1 Vis de pointage, sa manivelle.

2. Pour faire prendre les armemens, l'instructeur commandera :

Equipez-vous.

3. Le pointeur se porte au bouton de culasse, s'équipe du sac à étoupilles et du dégorgeoir, comme aux pièces de bataille; enlève le chapiteau, le pose contre l'épaulement, à côté et en dehors du gargoussier, et rentre à son poste;

Les seconds servans se portent entre le flasque et la roue, prennent les leviers, les passent successivement aux premiers et aux troisièmes servans, en gardent chacun un et reprennent leurs postes;

Tous, posant la pince sur la plate-forme, du côté opposé à l'épaulement, à six pouces en avant de leur alignement, tiennent les leviers des deux mains, celle placée vers le petit bout les ongles en dessus, à hauteur du teton et le coude au corps; l'autre les ongles en dessous, le bras allongé naturellement.

4. L'instructeur fait ensuite exécuter la manœuvre aux commandemens suivans :

1° *Hors de batterie.*

5. Le pointeur se porte à droite à deux pas de sa position ;

Tournant le dos à l'épaulement, les servans abandonnent les leviers de la main qui tient le petit bout ; l'autre main, dirigeant la pince vers le point où l'on doit embarrer, est immédiatement remplacée par la première et va saisir le bout du levier ; les premiers servans embarrent sous le devant des roues ; les seconds dans les rais, près de la jante et perpendiculairement à l'affût ; les troisièmes sous les flasques près des crosses ;

A l'avertissement *ferme*, fait par le pointeur lorsque tous sont prêts à agir, ils font effort et reculent la pièce pour amener la bouche à dix-huit pouces de l'épaulement, le pointeur veillant à ce qu'elle recule dans la direction de l'embrasure ; les premiers servans abandonnant ensuite leurs leviers de la main voisine de l'affût, se baissent, saisissent les masses, calent les roues et reprennent leur première position, ainsi que les troisièmes servans ;

Les seconds, cessant d'agir, restent embarrés.

2° *Chargez.*

6. Les premiers servans posent leurs leviers debout contre l'épaulement ;

Le premier de droite fait un à-gauche sur le talon droit, se porte en dehors des chevalets, en enjambant par dessus les armemens qu'ils soutiennent, fait un à-droite sur la pointe du pied, saisit l'écouvillon des deux mains, les ongles en dessus, enjambe de nouveau pour revenir à la pièce, glisse la hampe dans l'embrasure, et s'avançant vers la bouche, il y présente la brosse sans l'engager, la main droite seule soutenant la hampe ;

Le premier servant de gauche se porte à la bouche, saisit la hampe de la main gauche, les ongles en dessus, et en dehors de celle du premier de droite ;

Les seconds servans embarrent sous le premier renfort, le pointeur se porte entre les flasques et dispose la volée pour qu'on puisse charger commodément, les seconds servans élevant la culasse pour faciliter le mouvement du coin de mire ou de la vis de pointage ; il fait un signal des deux mains auquel les seconds servans débarrent et reprennent leurs postes ; il bouche la lumière de la main gauche, en se fendant de la jambe du même côté ;

Les premiers servans, fixant les yeux sur la lumière, enfoncent l'écouvillon jusqu'à la main du premier de droite ; reportant ensuite les mains vers l'extrémité de la hampe, de toute la longueur du bras, ils l'enfoncent encore, et continuent ainsi pour faire arriver la brosse au fond de l'âme ;

Le second servant de gauche, allant poser son levier debout contre l'épaulement près du gargoussier, qu'il enlève de la main droite, vient s'arrêter à hauteur de la queue de la plate-forme ; au signal de l'instructeur, il va chercher la poudre et fait face à l'épaulement à la hauteur qui lui a été indiquée.

3° *Ecouvillonnez.*

7. Les premiers servans portent à l'écouvillon les mains restées libres dans le mouvement précédent, les placent, les ongles en dessous, alternativement par rapport à celles qui tiennent déjà la hampe ; ils écouvillonnent comme au canon de bataille, et retirent l'écouvillon par des mouvemens contraires de ceux prescrits pour l'enfoncer ; le premier servant de gauche abandonne la hampe ; celui de droite retourne la main gauche pour la placer les ongles en dessus, dégage la brosse, en la tirant à lui, et, faisant glisser la hampe dans l'embrasure, il se porte en dehors des chevalets (6), replace l'écouvillon, saisit le refouloir et le présente à la bouche de la même manière qu'il a présenté la brosse ;

Le second servant de gauche revient, face à la pièce, à dix-huit pouces en arrière du premier servant de gauche, prend un bouchon de la main gauche, passe le gargoussier sous le bras gauche pour en sortir la gargousse, la remet au premier, lui donne ensuite le bouchon et pose le gargoussier à sa place ;

Le premier de gauche reçoit, par sa droite, la gargousse dans les deux mains, la main droite soutenant le culot, il l'introduit dans l'âme ; il reçoit de même le bouchon, le met sur la gargousse et saisit la hampe du refouloir de la main gauche, près et en dehors de celle du premier de droite ; engageant alors le refouloir, ils enfoncent la poudre comme ils ont enfoncé l'écouvillon.

4° *Refoulez.*

8. Etendant les bras de toute leur longueur, les premiers servans refoulent un coup, retirent le refouloir et le posent dans l'embrasure, le premier de droite continuant à tenirl a hampe ;

Pendant ce temps, le second servant de gauche, saisissant d'abord un bouchon de la main droite, prend ensuite un boulet des deux mains ;

Le premier de gauche reçoit du second le boulet et le bouchon comme il a reçu la poudre, et ce dernier rentre à son poste en reprenant son levier ;

Le premier, après avoir introduit le boulet et le bouchon, saisit la hampe, aide le premier de droite à enfoncer le boulet, à refouler et à retirer le refouloir qui est reporté à sa place par le premier de droite de la même manière que l'écouvillon, ayant soin de replacer ce dernier en dessus;

Le premier de gauche balaie la plate-forme ;

Le pointeur se porte en arrière des crosses, les premiers servans reprennent leurs leviers et rentrent à leurs postes.

5° *En — batterie.*

9. Les premiers servans, quittant leurs leviers de la main voisine de l'épaulement, se baissent pour décaler les roues. Tous, faisant face à l'épaulement, embarrent ensuite : les premiers servans dans les rais, les seconds sous le derrière des roues, et les troisièmes sous les flasques près des crosses ;

A l'avertissement *ferme*, fait par le pointeur lorsque tous sont prêts à agir, ils font effort pour mettre la pièce en batterie, le pointeur veillant à faire arriver la volée dans le milieu de l'embrasure.

6° *Pointez.*

10. Les premiers servans débarrent et se remettent à leurs postes ;

Les seconds embarrent sous le premier renfort ;

Le pointeur se porte entre les flasques, dirige la pièce et pointe en élevant ou baissant la volée, à l'aide des seconds servans, et en faisant rendre les crosses par de légers coups donnés en dehors des flasques, à droite pour faire rendre à gauche, à gauche pour faire rendre à droite ;

Le pointeur dégorge de la main droite, place l'étoupille de la gauche, ayant soin de diriger la cravate à la droite de la pièce ; il fait ensuite un signal des deux mains, auquel les quatre servans débarrent et reprennent leurs postes ;

Le pointeur se porte à la droite ou à la gauche de la batterie pour observer le coup (*a*) ;

Le second servant de droite va poser son levier debout contre l'épaulement, saisit le boute-feu de la main droite, l'appuie sur le bras gauche, et revient s'établir, à son poste, le dos tourné à l'épaulement.

7° *Haut-le bras.*

11. Le second servant de droite frappe le boute-feu sur le bras

---

(*a*) Il se portera toujours du côté de la batterie qui le premier reçoit le vent, afin que la fumée ne l'empêche pas d'observer le coup.

gauche, et le porte, le bras tendu, les ongles en dessus, à trois pouces de l'étoupille; les premiers servans abandonnent leurs leviers de la main voisine de l'épaulement, se baissent, saisissent les masses et se fendent du pied opposé à l'épaulement parallèlement à la pièce.

8° *Feu.*

12. Le second de droite touche du boute-feu la mèche de l'étoupille, le ramène vivement à gauche, dès qu'elle a pris feu, le remet à sa place, reprend son levier et rentre à son poste;

Le coup parti, les premiers servans calent les roues et se relèvent;

Le pointeur revient à son poste.

13. Pour faire continuer la manœuvre, l'instructeur reprendra la série des commandemens (4).

14. Pour la faire cesser, il commandera :

1° *En—batterie.*

Comme au cinquième commandement (9).

2° *La pièce hors d'eau.*

15. Tous se placent, et les deuxièmes servans embarrent comme au sixième commandement (10);

Le pointeur baisse la volée de la pièce pour empêcher l'eau de séjourner dans l'âme, et, à son signal, les deuxièmes servans débarrent, et tous reprennent leurs postes.

3° *Déséquipez-vous.*

16. Le pointeur va prendre le chapiteau, le pose sur la lumière, suspend au bouton de culasse les armemens dont il est équipé, et rentre à son poste;

Les seconds servans, se portant entre les flasques et les roues, placent leurs leviers appuyés contre le flasque et l'essieu; reçoivent, par le petit bout, ceux des premiers et des troisièmes servans, les placent de la même manière et rentrent à leurs postes.

17. L'instructeur voulant faire changer de postes fera les mêmes commandemens que pour le canon de

campagne, et chacun, plaçant ses armemens devant soi, se portera à son nouveau poste de la manière précédemment indiquée, excepté le premier servant de gauche qui, passant derrière les crosses, ira remplacer le premier sèrvant de droite.

18. *Observation.* On sert comme il vient d'être dit les pièces de siége de vingt-quatre et de seize; pour les calibres inférieurs on peut supprimer les troisièmes servans, et par suite leurs leviers dans le nombre des armemens.

Tout restant d'ailleurs le même, la manœuvre est la même aussi, à l'exception que pour mettre en batterie et pour en sortir les premiers servans embarrent dans les rais, et les seconds sous les flasques près des crosses; au commandement *pointez*, les seconds servans embarrent encore dans cette position et les premiers sous le premier renfort.

SERVICE D'UN CANON DE PLACE.

Il faut cinq hommes, un pointeur et quatre servans, pour le service d'un canon monté sur affût de place;

Les armemens sont les mêmes et disposés de la même manière qu'à la pièce de siége, en ôtant les deux leviers des troisièmes servans;

L'approvisionnement est le même aussi, en substituant deux coins d'arrêt aux deux masses.

19. Les canonniers étant à leurs postes, l'instructeur donnera les explications suivantes:

L'*affût de place* se compose de deux *flasques* réunis par deux *entretoises;* il est monté sur deux roues et repose en arrière sur une *roulette* de fonte;

L'affût de place en batterie est disposé sur un *châssis*, où l'on distingue les *semelles* sur lesquelles portent les roues, et l'*auget* dans lequel se loge la roulette;

Le *coussinet* est une pièce en bois qui se place dans l'auget; il sert à élever le pointeur lorsqu'il dirige la pièce, ou quand il bouche la lumière;

Les *coins d'arrêt* portent un manche sur le côté; on s'en sert pour empêcher la pièce de revenir vers l'épaulement quand elle est hors de batterie.

NOMENCLATURE.

Affût.

PARTIES EN BOIS.	FERRURES PRINCIPALES.
2 Flasques (*ils sont entaillés à leur extrémité postérieure*).	2 Crochets de retraite.
2 Entretoises { de volée. / de mire.	4 Plaques à oreilles.
1 Semelle de roulette.	10 Boulons servant de chevilles.
2 Supports de roulette.	4 Boulons d'assèmblage.
2 Roues.	2 Étriers d'essieu.
1 Essieu.	1 Roulette (*en fer coulé*).
	2 Tenons de manœuvre.
	1 Vis de pointage, sa manivelle.

Châssis.

PARTIES EN BOIS.	FERRURES PRINCIPALES.
1 Heurtoir.	2 Boulons de lisoir.
1 Lisoir (*repose sur un* contre-lisoir *faisant partie de la plate-forme*).	4 Boulons de semelle.
3 Entretoises.	2 Boulons à pattes.
2 Tringles.	1 Plaque d'appui de leviers.
2 Semelles.	1 Cheville ouvrière.
1 Auget.	2 Arrêtoirs des coins d'arrêt.
2 Coins de recul.	

20. Pour faire prendre les armemens, l'instructeur commandera:

Equipez-vous.

21. Ce commandement s'exécute comme au canon de siége (3), excepté en ce qui est relatif aux troisièmes servans.

22. L'instructeur fait ensuite exécuter la manœuvre aux commandemens suivans :

1° *Hors de batterie.*

23. Tournant le dos à l'épaulement, les premiers servans embarrent sous le devant des roues, les seconds dans les rais près de la jante et perpendiculairement à l'affût ;

Le pointeur, s'approchant de l'auget, fait glisser le coussinet en arrière ;

A l'avertissement *ferme*, fait par le pointeur lorsque les servans sont prêts à agir, ils font effort et reculent la pièce pour amener la bouche à dix-huit pouces de l'épaulement ;

Les premiers servans, abandonnant ensuite leurs leviers de la main voisine de l'affût, se baissent, saisissent les coins d'arrêt, calent les roues et reprennent leur première position ;

Les seconds servans, cessant d'agir, restent embarrés.

2° *Chargez.*

24. Comme au canon de siége (6), les premiers servans se plaçant sur le châssis pour manœuvrer l'écouvillon, et le pointeur montant sur le coussinet pour disposer la pièce et boucher la lumière.

3° *Ecouvillonnez.*

Comme au canon de siége (7).

4° *Refoulez.*

25. Comme au canon de siége (8), le pointeur descendant et se plaçant à gauche de l'auget.

5° *En — batterie.*

26. Comme au canon de siége (9), excepté en ce qui concerne les troisièmes servans, et le pointeur poussant le coussinet derrière la roulette, lorsque la pièce est en batterie.

6° *Pointez.*

27. Les servans débarrent et embarrent de nouveau, les premiers sous le premier renfort, les seconds sous l'auget contre la dernière entretoise du châssis ;

Le pointeur monte sur le coussinet, et, lorsqu'il en descend après avoir pointé, le fait glisser en arrière pour qu'il ne s'oppose pas au recul de la pièce.

Le reste comme au canon de siége (10).

7° *Haut-le bras.*

Comme au canon de siége (11).

8° *Feu.*

Comme au canon de siége (12).

28. Pour faire continuer la manœuvre, l'instructeur reprend la série des commandemens (22) ; pour la faire cesser, il commande :

1° *En-batterie.*

Comme au cinquième commandement (26).

2° *La pièce hors d'eau.*

29. Comme au canon de siége (15), avec les modifications indiquées pour le sixième commandement (27).

3° *Déséquipez-vous.*

Comme au canon de siége (16).

SERVICE D'UN CANON DE COTE.

Il faut cinq hommes, un pointeur et quatre servans, pour le service d'un canon monté sur affût de côte ;

Deux leviers, destinés aux premiers servans, sont posés sur les rouleaux ; les autres armemens sont les mêmes et disposés de la même manière qu'à la pièce de siége ;

L'approvisionnement est le même aussi, en substituant aux masses un seul coin d'arrêt placé à gauche.

30. Les canonniers étant à leurs postes, l'instructeur donnera les explications suivantes :

L'*affût de côte* est composé de deux *flasques* semblables à ceux de l'affût de place, mais élevés sur deux pièces de bois nommées *échantignolles ;* il porte sur son *châssis* au moyen de deux *rouleaux*, l'un placé en avant appelé *gros rouleau*, l'autre en arrière, nommé *petit rouleau ;* le gros rouleau est percé de *mortaises* dans lesquelles on embarre quand on manœuvre la pièce ;

L'affût en batterie est monté sur un *grand châssis,* et celui-ci s'appuie par-devant sur un *petit châssis*, auquel il est réuni par une *cheville ouvrière ;* il se meut sur deux *roulettes* placées en arrière, et au moyen d'un levier fixé au milieu de l'entretoise de derrière ;

Ce levier se nomme *levier-directeur.*

NOMENCLATURE.

Affût.

PARTIES EN BOIS.	FERRURES PRINCIPALES.
2 Flasques (*comme ceux d'affût de place, ils sont entaillés à leur extrémité postérieure*).	10 Boulons servant de chevilles.
4 Échantignolles.	4 Boulons d'assemblage.
2 Entretoises { de volée. de mire.	4 Cordons de gros rouleau.
1 Gros rouleau.	2 Frettes de petit rouleau.
1 Petit rouleau.	1 Vis de pointage, sa manivelle.
4 Recouvremens pour les rouleaux.	

Grand Châssis.

PARTIES EN BOIS.	FERRURES PRINCIPALES.
2 Côtés du châssis.	3 Boulons d'assemblage.
3 Entretoises.	4 Boulons pour assembler le châssis et les taquets.
2 Semelles.	4 Etriers de support.
4 Taquets.	2 Roulettes (*en fer coulé*).
1 Échantignolle.	2 Brides de levier-directeur.
2 Supports de roulette.	1 Cheville ouvrière.
	1 Vis de pointage, sa manivelle.

Petit Châssis.

2 Côtés du petit châssis.	3 Entretoises.

31. Pour faire prendre les armemens, l'instructeur commandera :

Equipez-vous.

32. Le pointeur s'équipe comme au canon de siége et rentre à son poste (3) ;

Les premiers servans prennent les leviers sur les rouleaux et les tiennent debout, chacun de la main opposée à l'épaulement, les bras tombant naturellement ;

Les seconds servans ne bougent.

33. L'instructeur fait ensuite exécuter la manœuvre aux commandemens suivans :

1° *Hors de batterie.*

34. Les premiers servans élevant leurs leviers de la main opposée à l'épaulement et les saisissant de l'autre à six pouces du gros bout, embarrent de cette longueur dans les mortaises du rouleau, et reportent leurs mains vers le petit bout de toute la longueur du bras ;

Les seconds viennent à leur secours, placent les mains au bout des leviers, les ongles en dessous, et tous, restant face à la pièce, agissent à l'avertissement *ferme* du pointeur et abattent jusqu'à douze pouces de terre ;

Ceux de gauche retenant alors, le second de droite abandonne le petit bout du levier et se retire d'un pas ;

Le premier de droite débarre et embarre dans la mortaise supérieure ; le second vient à son secours, et tous deux retenant à leur tour, les servans de gauche débarrent et embarrent de la même manière ;

En continuant ainsi, et la bouche étant à dix-huit pouces de l'épaulement, le premier de gauche débarre, prend le coin d'arrêt et cale le gros rouleau ; celui de droite débarre aussi et tous reprennent leurs postes.

Nota. Si les leviers sont équarris au milieu et arrondis des deux bouts, les servans les font glisser dans la mortaise pour augmenter la longueur du bras, et manœuvrent en agissant ainsi alternativement à la droite et à la gauche.

2° *Chargez.*

35. Les premiers servans passent leurs leviers aux seconds, et, comme au canon de siége, celui de droite va prendre l'écouvillon, le pose sur l'épaulement, et celui de gauche se porte à la bouche de la pièce ;

Le pointeur monte sur le châssis pour disposer convenablement la vis de pointage ou les coins de mire ;

Les seconds servans, armés des leviers des premiers, embarrent sous le premier renfort, faisant face à l'épaulement, et soulèvent la culasse ; au signal du pointeur, ils débarrent et posent leurs leviers sur les rouleaux, celui de droite rentre à son poste et celui de gauche va chercher la poudre ;

Le pointeur bouche la lumière ;

Les premiers servans enfoncent l'écouvillon.

3° *Ecouvillonnez*

Comme au canon de siége (7).

4° *Refoulez.*

36. Comme au canon de siége (8), le pointeur descendant et se plaçant à gauche du châssis.

5° *En — batterie.*

37. Les premiers servans embarrent comme au premier commandement (34); celui de gauche ôte le coin d'arrêt, et, à l'avertissement *ferme* du pointeur, tous deux débarrent et embarrent tour à tour, laissent aller et retiennent pour mettre la pièce en batterie.

6° *Pointez.*

38. Les premiers servans débarrent et embarrent sous le premier renfort;

Les seconds se portent au levier-directeur et le saisissent des deux mains, les ongles en dessous et placées alternativement la droite de celui de gauche tenant le bout du levier;

Le pointeur monte sur le châssis, dirige et pointe la pièce;

Le reste comme au canon de siége (10), excepté en ce qui concerne les troisièmes servans et les leviers des seconds.

7° *Haut-le bras.*

Comme au canon de siége (11).

8° *Feu.*

39. Comme au canon de siége (12), le premier de gauche calant le gros rouleau au départ de la pièce.

Nota. Lorsqu'un canon monté sur affût de côte doit tirer sur un but mobile, la nécessité de faire feu dès qu'il est pointé, apporte dans la manœuvre les changemens suivans :

Tout restant comme il est dit pour les cinq premiers commandemens, les septième et huitième sont supprimés et réunis au sixième, qui s'exécute ainsi qu'il suit :

6° *Pointez.*

38 (*bis*). Les premiers servans débarrent, celui de gauche embarre sous le premier-renfort; celui de droite, posant son levier

debout contre l'épaulement, se porte au levier-directeur, ainsi que le second de gauche, et se place, par rapport à ce dernier, de la manière indiquée pour le second de droite;

Le second de droite saisit le boute-feu, et se place comme il est dit (12);

Le pointeur monte sur le châssis; dégorge, amorce, pointe, et, sautant en bas du châssis, commande *feu;*

Le premier de gauche, débarrant aussitôt, rentre à son poste, prend le coin d'arrêt et se tient prêt à caler;

Le premier de droite et le second de gauche abandonnent le levier-directeur;

Le second de droite met le feu;

Le coup parti, le premier de gauche cale le gros rouleau, le second de droite replace le boute-feu, et tous rentrent à leurs postes, le premier de droite reprenant son levier.

40. Pour faire cesser la manœuvre, l'instructeur fait les commandemens indiqués pour les autres pièces :

1° *En — batterie.*

Comme au cinquième commandement.

2° *La pièce hors d'eau.*

41. Comme au canon de siége (15), le pointeur et les premiers servans se plaçant comme au sixième commandement (38).

3° *Déséquipez-vous.*

42. Le pointeur agit comme au canon de siége (16);
Les premiers servans posent leurs leviers sur les rouleaux.

SERVICE D'UN OBUSIER DE SIÉGE.

Il faut cinq hommes, un pointeur et quatre servans, pour le service d'un obusier de siége.

On doit retrancher des armemens indiqués pour le canon de siége, les masses et les leviers des troisièmes servans, et y ajouter : (*b*)

(*b*) Le gargoussier doit avoir une banderolle, et au lieu d'être placé à gauche contre l'épaulement, il est suspendu au bouton de culasse; si on n'avait pas de gargoussier à banderolle, on le remplacerait par un sac à charges.

Une paire de manchettes, *Une curette,* *Un sac à terre,* *Une spatule,*	dans un panier placé contre l'épaulement, à un pas derrière le premier servant de gauche.

Il faut ajouter à l'approvisionnement;
Des éclisses, placées dans le panier.

43. Les canonniers étant à leurs postes, l'instructeur donnera les explications suivantes :

La curette se compose de trois parties : *le grattoir*, servant à détacher les crasses qui s'attachent à l'âme de l'obusier ; *la cuiller*, qui sert à les retirer, ainsi que l'eau que peut contenir la chambre; *le manche*, qui réunit la cuiller au grattoir ;

Le sac à terre; on appelle ainsi, dans l'approvisionnement de l'obusier, un morceau de grosse toile dont on se sert pour essuyer l'âme ;

La spatule sert à assurer les éclisses, l'une de ses extrémités est applatie et se nomme *palette ;*

Les éclisses sont des petits coins de bois blanc, au moyen desquels on arrête l'obus dans la position qu'on lui a donnée.

NOMENCLATURE.

Obusier.

Ses parties.	Moulures principales.
Volée.	Plate-bande de volée.
Renfort.	Plate-bande de culasse.
Tour de la chambre.	
Culasse.	
Cul de lampe.	
Bouton de culasse.	
Tourillons.	
Embases des tourillons.	
Anses.	
Lumière et grain de lumière.	
Bouche.	
Ame.	
Chambre.	

Affût.

Parties en bois.	Ferrures principales.
2 Flasques (*leurs parties sont les mêmes que celles des flasques du canon*).	2 Crochets de retraite.
4 Entretoises { de volée. de couche. de support. de lunette.	6 Boulons d'assemblage.
1 Semelle.	2 Sous-bandes.
2 Roues.	2 Chevilles à tête plate.
1 Essieu.	6 Chevilles à tête ronde.
	2 Chevilles à mentonnet.
	2 Sus-bandes, 2 clavettes, 4 chaînettes.
	1 Rosette à boucle pour l'enrayure.
	4 Liens de flasques.
	1 Anneau d'embrelage.
	2 Plaques d'appui de roues.
	1 Vis de pointage, sa manivelle.
	2 Etriers d'essieu en bois.

44. Pour faire prendre les armemens, l'instructeur commandera :

Equipez-vous.

45. Ce qui se fait comme au canon de siége ; de plus le second servant de gauche s'équipe d'abôrd du gargoussier, ensuite le premier servant de son côté, ayant retiré les manchettes du panier, il l'aide à les attacher.

46. L'instructeur fait ensuite exécuter la manœuvre aux commandemens suivans :

1° *Hors de batterie.*

47. Le pointeur se porte à deux pas à droite de sa position ;

Tournant le dos à l'épaulement, les premiers servans embarrent dans les rais vers le cintre de mire, les seconds sous les flasques près des crosses;

A l'avertissement du pointeur *ferme*, les seconds servans soulèvent les crosses; les premiers font effort pour reculer l'obusier jusqu'à ce que le devant des roues soit à trois pieds de l'épaulement, et tous reprennent leurs postes.

2° *Chargez.*

48. Les premiers servans placent leurs leviers debout contre l'épaulement; celui de droite va prendre l'écouvillon de la main droite et le pose dans l'embrasure ; celui de gauche prend la curette et le sac à terre ;

Le second de droite embarre entre la culasse et le renfort ;

Le pointeur se porte entre les flasques et dispose l'obusier, le second servant de droite soulevant la culasse pour faciliter le mouvement de la vis de pointage ; il fait un signal auquel le servant débarre, et reprend son poste, il bouche la lumière de la main gauche en se fendant de la jambe du même côté, et se baissant de manière à se couvrir de la culasse ;

Le second servant de gauche, allant poser son levier debout contre l'épaulement, se porte à la queue de la plate-forme ; au signal de l'instructeur, il va prendre au dépôt des munitions un sachet, qu'il met dans le gargoussier, et un obus qu'il porte dans les deux mains, et revient, face à l'obusier, à dix-huit pouces en arrière du premier servant de gauche ; posant alors l'obus sur le heurtoir, il prend le sachet dans la main droite.

3° *Ecouvillonnez.*

49. Le premier servant de droite reçoit du premier de gauche successivement la curette et le sac à terre et les lui remet après avoir nettoyé l'âme et la chambre ; il écouvillonne comme à l'obusier de campagne et retourne l'écouvillon, aussi de la même manière, pour amener le refouloir du côté de la bouche ;

Le premier de gauche, après avoir remis dans le panier la curette et le sac à terre, reçoit la poudre, par la droite dans la main gauche, et quand le premier servant de droite a retiré l'écouvillon, il se fend de la jambe droite, vers l'obusier, place le sachet de la main gauche dans la chambre, le culot au fond, en s'appuyant de la main droite sur la tête du flasque, et se relève sur la jambe gauche.

4° *Refoulez.*

50. Le premier servant de droite presse légèrement la poudre, reporte l'écouvillon sur les chevalets, l'y place, le refouloir du côté de l'épaulement, et revient à son poste en reprenant son levier ;

Le second de gauche remet l'obus au premier, lui présente ensuite successivement quatre éclisses et la spatule, et revient à son poste en reprenant son levier ;

Le premier de gauche reçoit par la droite l'obus des mains du pourvoyeur ; la main droite placée sous l'obus le soutenant, de la gauche il saisit la fusée avec le pouce et le premier doigt ployé, les trois autres doigts allongés sous l'obus, qu'il porte ainsi à la bouche de l'obusier, en se fendant de la jambe droite, il l'introduit, et le conduit de la main gauche seule, jusqu'au fond de l'âme, en s'appuyant de la main droite sur la tête du flasque, puis il se relève sur la jambe gauche, observe si l'obus est bien placé, si la fusée n'était pas dans le milieu de l'âme, il l'y ramènerait; enfin il place les éclisses avec la main gauche, une dessous, une de chaque côté et une dessus, les assure avec la spatule, dont il se sert de la main gauche, la remet dans le panier et rentre à son poste en reprenant son levier;

Le pointeur quitte alors la lumière et se porte en arrière des crosses.

5° *En — batterie.*

51. Faisant face à l'épaulement, les premiers servans embarrent dans les rais, vers la tête des flasques, les seconds sous les flasques près des crosses;

A l'avertissement du pointeur, ils font effort pour mettre l'obusier en batterie, le pointeur veille à faire arriver la bouche au milieu de l'embrasure.

6° *Pointez.*

52. Les premiers servans débarrent; celui de gauche reprend son poste, celui de droitè embarre entre la culasse et le renfort;

Le reste comme au canon (10).

7° *Haut-le bras.*

53. Comme au canon (11), excepté en ce qui est relatif aux masses.

8° *Feu.*

54. Comme au canon (12), les premiers servans ne calent pas les roues.

55. L'instructeur fait cesser la manœuvre par les commandemens précédemment indiqués (14).

56. L'exécution est la même, et de plus le premier servant de gauche remet les manchettes dans le panier, et le second de gauche suspend le gargoussier au bouton de culasse.

Nota. Le service des mortiers se continuera encore d'après l'ancienne méthode.

Observations générales.

57. Dans une batterie composée de plusieurs pièces, tous les commandemens, jusques et compris celui de *pointez*, sont communs à toutes les bouches à feu de la batterie; mais ceux *haut le bras* et *feu*, seront faits successivement en désignant chaque pièce par son numéro, et commençant par la droite ou la gauche suivant la direction du vent. (*c*)

58. A la fin du commandement *chargez*, le signal auquel les pourvoyeurs doivent se porter au dépôt de munitions, sera fait par le second servant de la pièce de gauche pour les canons et les obusiers, et par le premier servant de la gauche dans les batteries de mortiers.

59. A la fin du commandement *pointez*, les officiers et les chefs de pièce accompagneront les pointeurs pour observer les coups afin de diriger les rectifications auxquelles leur direction peut donner lieu.

60. Les officiers et les chefs de pièce veilleront à ce que les servans, placés aux postes qui leur sont assignés, exécutent tous les mouvemens en silence, avec ensemble, ordre et précision, à ce que l'exécution de chaque commandement soit suivie d'une immobilité parfaite, et, de plus, à ce que les servans, en embarrant et en débarrant, ne traînent pas leurs leviers sur la plate-forme.

61. Ils observeront que les canons soient écouvillonnés à fond, et que les obusiers et les mortiers soient nettoyés avec soin; aux premiers, ils veilleront à ce que la charge soit refoulée au fond de l'âme; aux seconds, que l'œil du projectile soit disposé suivant l'axe de la bouche à feu, et que les éclisses soient régulièrement placées.

(*c*) Le vent venant de la droite, le feu commencera par la gauche de la batterie et réciproquement; quel que soit du reste ce côté de la batterie, le second servant de droite met toujours le feu sans quitter son poste.

62. D'après l'ordre des officiers, les chefs de pièce vérifieront le pointage et le rectifieront lorsqu'il y aura lieu.

63. Pendant la durée de la manœuvre, l'officier qui la commande fera changer de poste dans chaque pièce, par les commandemens et les moyens précédemment indiqués (17).

64. Lorsque les canonniers seront parfaitement instruits à servir les bouches à feu d'après les commandemens qui en divisent l'exécution, on devra les faire manœuvrer sans suivre cette division ; à cet effet, le commandant de la batterie, ayant prévenu *qu'on chargera à volonté*, commandera seulement :

1° *Chargez.*

2° *Haut-le bras.*

3° *Feu.*

65. Au premier commandement, les canonniers exécutent, de suite et sans interruption, les divers mouvemens compris dans les cinq premiers commandemens de la manœuvre.

66. Les deuxième et troisième s'exécutent ainsi qu'il est prescrit dans l'exercice des bouches à feu auxquelles ils se rapportent.

De l'Imprimerie de DEMONVILLE, rue Christine, n° 2.

www.ingramcontent.com/pod-product-compliance
Ingram Content Group UK Ltd.
Pitfield, Milton Keynes, MK11 3LW, UK
UKHW021046260726
13994UKWH00005B/2379